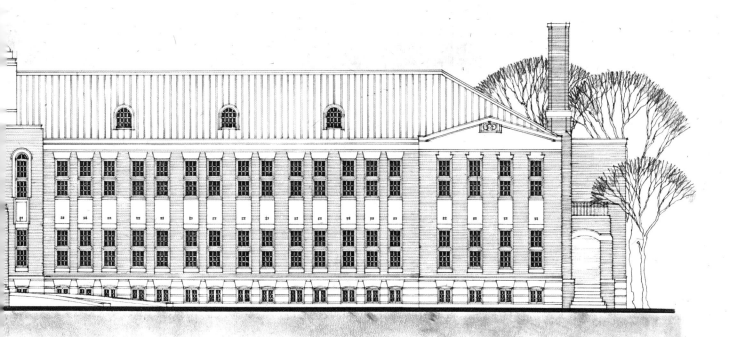

사라진
건축,
———
잊힌
거리

사라진 건축, 잊힌 거리

부산 근대건축 스케치

최윤식 지음

루아크
RUACH

오래된 것이 낡은 것이 아니라
쓰지 않은 것이 낡은 것이다

부산에서 태어나고 자라서 여태 손을 놓지 못하는 일이 건축(남들이 얘기하는 직업)과 그림이다. 그중 무언가 그리는 일은 타고난 소질은 원래 없었으나 틈틈이 연습하다 보니 꽤나 할 만한 취미가 되었다. 조그마한 재주로 해야 할 일이 없을까 궁리하다가 남아 있었으면 참 좋았을, 지금은 사라진 건축물들을 그리기 시작했고 세월이 쌓이니 그림들이 제법 많아지게 되었다.

이를 기특하게 본 <부산일보> 정달식 기자님이 "사라진 근대건축, 잊힌 근대건축"이란 제목으로 신문의 귀중한 한 칸을 내주어서 2018년 1월부터 2019년 2월까지 연재하게 되었고, 거기에 몇 점을 더 보태 이렇게 묶게 되었으니 부끄러움과 뿌듯함이 서로 다툰다.

정달식 기자님께 양해를 구하고 제목을 약간 바꾸어 책으로 만들었다. 이 책이 후일 부산과 근대건축에 관심 있는 분들께 조금이라도 도움이 되었으면 하는 바람이다.

게재한 그림은 얼마 남지 않은 사진자료를 근거로 그렸고 인물이나 자동차, 수목 등을 더해 그 시대의 분위기를 연출했다. 흐리거나 잘려서 보이지 않는 부분은 건축가의 꽤나 예리한 상상력으로 복원(?)했다.

오래된 것이 낡은 것이 아니라 쓰지 않은 것이 낡은 것이다. 그 낡은 것조차 얼마 남지 않았으니 뒤를 이을 부산 사람들에게 미안할 따름이다.

2020년
최윤식

》 차 례

부 산 항

그림 속 풍경은 1910년대 부산항이다.
매립으로 지형이 바뀌기 전이라 지금과는 선뜻 비교하기 힘들다. 매립지에 들어선 고층 건물과 부산항대교가 가로지르는 오늘의 모습과는 그 차이가 작지 않기 때문이다.

항구 저편의 섬이 영도라는 것은 쉽사리 짐작된다. 그런데 가운데 돔을 얹고 있는 건물이 옛 부산우편국이고 그림 오른쪽 끝 소나무가 서 있는 자리가 말로만 듣던 용미산, 현재 롯데백화점이 있는 자리라니…. 이제는 기억하는 이가 많지 않을 성싶다.

머지않아 북항 개발이 본격화되어 오페라하우스 같은 건물들이 들어서면 지금의 부산항 풍경도 추억의 한 자락으로 남겨지리라.

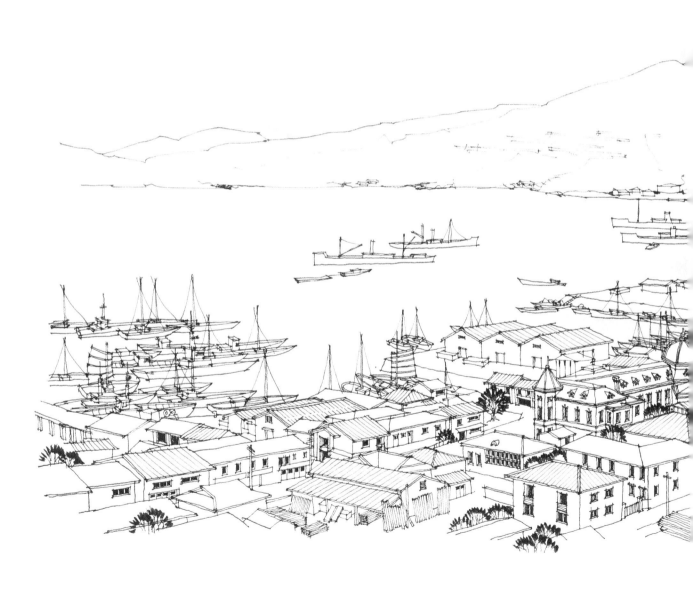

영
도
다
리

영도다리는 1934년 개통된 도개식 다리로 부산
의 상징으로 자리매김했다.

한국전쟁 때 "헤어지면 영도다리에서 만나자"는
눈물 나는 기약의 장소이기도 했다. 1966년 마지
막으로 들어 올려진 이 다리는 2013년 재시공 뒤
다시금 부산의 명물이 되었다.

바닷바람과 파도에 시달리며 세월의 흔적을 새기
려면 또 얼마나 많은 시간을 보내야 할까.

거대한 다리 중 대교란 이름이 붙지 않은 곳은
흔치 않다. 그래도 영도대교 대신 친근하게 영도
다리라 불렀으면 싶다. 부산 사람들은 다 거기
(영도다리)에서 주워 온 사람들이라는 말. 내 생
각과 별반 다르지 않다.

부
산
세
관

1910년에 지어진 것으로 추정되는 이 건물은 지금의 부산세관 옆에서 1979년까지 그 자리를 지켰다. 그 때문에 그 시절 화가들의 좋은 그림 소재가 되곤 했다.

첨탑과 저층부의 비례감, 벽돌과 화강석의 예사롭지 않은 섬세함이 지금도 선명하게 기억난다. 그런데 헐어버린 이유가 부산대교 건설로 연안부두와 연결하기 위해 길을 내기 위함이었다니….

너무도 안타깝다. "좋은 길은 좁을수록 좋고 나쁜 길은 넓을수록 좋다"는 건축가 김수근 선생의 말이 생각나는 대목이다.

옛 조선총독부 건물을 헐면서 첨탑만은 천안 독립기념관에 옮겨놓았듯, 이 건물의 첨탑 역시 지금의 부산세관 건물 앞마당에 고이(?) 보관·전시 중이니 이것을 다행이라 할지, 면죄부라 할지….

부산역

그림 속 부산역은 원래 중앙동 세관 건너편, 지금의 교보빌딩 자리에 있었다. 1910년 지어진 벽돌조의 2층 건물로 1층은 역무실, 2층은 호텔로 사용되었다고 한다. 아쉽게도 1953년 11월 부산역전 대화재 때 소실되고 말았다.

부산역전 대화재는 중구 피난민 판자촌 일대에서 발생해 당시 중구 일대와 부산역 일대로 번진 화재 사건이다. 이 사고로 부산역까지 전소되었다.

부산역사는 1968년 현재 위치에 다시 지어졌고, 2004년 고속철도 개통과 함께 증개축되어 지금의 모습을 갖추었다.

만남과 이별, 기쁨과 슬픔, 기다림과 그리움….

짧지 않은 세월 동안 '이별의 부산정거장'엔 얼마나 많은 이가 오고 갔을까.

이제는 인력거 대신 택시와 버스, 지하철이 '이별의 부산정거장'을 찾는 이들을 기다리고 있다.

부산 제6공립심상소학교

"국민체조 시이~작!"

확성기에서 흘러나오는 음악 소리에 맞춰 팔다리
운동부터 숨쉬기 운동까지, 선생님의 구령대로
전교생이 따라했던 아침 체조.

1970~1980년대까지만 해도 그런 시절이 있었다.
한 반에 60~70명, 12학급도 부족해 오전·오후반
으로 나눠 등교하던 시절…. 다 함께 모여 조례조
차 하기 힘들었던 그때.

"아들딸 구별 말고 둘만 낳아 잘 기르자"며 국민
을 선도(?)하던 국가는 금세 "잘 키운 딸 하나 열
아들 안 부럽다"는 말로 출산을 비장려했다. 그런
데 지금은 출산 독려를 위해 출산장려금까지 등
장했으니, '지금 알고 있는 것을 그때도 알았더라
면'이란 후회가 절로 나온다.

그림 속 학교는 일제강점기 부산 제6공립심상소
학교 건물로 지금의 토성초등학교 자리에 있었다.

한성은행 부산지점

부산 중구 동광동 백산기념관 옆에 위치한 청자
빌딩의 옛 모습이다.

그림 속 건축물은 문화공간으로 한창 마무리 공
사 중인 지금의 청자빌딩과는 다소 다른 모습이
다. 최근 리모델링을 하면서 논란이 된 창호나 건
물의 디테일은 차치하고라도 건물 규모나 층수,
건축물 모서리 부분 모양에서도 차이를 보인다.
지금의 청자빌딩은 해당 부분이 곡선인데 그림 속
건물은 직각인 것.

그나마 그대로 남아 있는 기단 부분을 단서로 건
물 칸수나 길이 등을 참작해볼 때 기존 건물을
앞쪽으로 증축한 것은 아닐까 추정해본다.

태
평
관

지금처럼 즐길 거리가 많지 않던 시절에는 명절날 극장에서 영화 보는 것이 거의 유일한 놀이였다. 부산, 부영, 동명, 현대, 제일, 문화, 동아, 국도, 삼성, 삼일, 보림, 미성, 수정, 동성, 대한, 온천, 용연 등등. 부산에는 수많은 극장이 동네마다 있었는데 그곳에서는 영화만이 아니라 가수들의 순회공연(리사이틀이라고 불렀음)도 열렸고, 여러 단체의 집회도 진행되었다. 광복동주민센터 옆 지금의 개미집이 있는 곳에 있던 태평관 역시 그랬다.

그림 속 태평관 건물은 1943년 화재로 소실되었다. 부산국제영화제BIFF 같은 세계적인 영화축제가 열릴 만큼 부산은 그때나 지금이나 영원한 영화의 도시임이 틀림없다.

부산경찰서

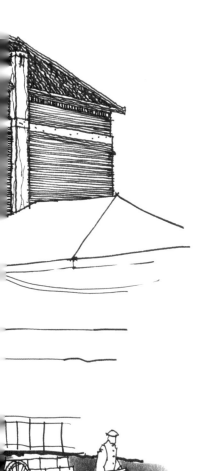

1919년 서울을 중심으로 시작된 3·1운동은 수개월 동안 지속되었다. 부산에서도 그 흐름이 이어졌는데 1920년 9월 박재혁 의사의 '부산경찰서 폭탄 투척 의거'는 길이 새길 만하다.

그의 폭탄 투척으로 하시모토 경찰서장은 폭사했고, 박 의사는 체포되어 대구 형무소에 수감되었다. 사형을 선고받은 박 의사는 "왜놈 손에 죽기 싫다"며 단식 끝에 이듬해 5월 11일 순국했다. 박재혁 의사가 폭탄을 투척한 건물은 광복동 부산부청 자리 옆에 있었다고 한다. 그림 속 부산경찰서는 1923년 지금의 중부경찰서 자리로 이전한 뒤의 모습이다.

초량왜관이 있던 시절, 왜관 우두머리인 관수가
머물렀던 관수옥 자리에 세워진 건물이다.

부산 최초의 서양식 건물로 초기에는 일본 영사
관으로 사용되다가 1914년부터 1936년까지 부
산부청(옛 부산시청)으로 쓰였다.

부산부청은 1936년 3월 31일 지금의 롯데백화점
광복점 자리로 옮겨갔고, 한국전쟁 이후 인구가
급속히 늘면서 1998년 1월 연산동의 신청사로 다
시 이전했다.

그 시절, 그림 속 건물처럼 작은 규모로도 부산의
행정이 가능했던 것을 보면 새삼 격세지감을 느
낀다. 현재 건물이 있던 자리는 숙박시설과 도로
로 편입되어 흔적을 찾아볼 수 없다. 다만 광복로
38번길과 광복로 97번 안길이 마주치는 곳에 돌
계단만은 남아 있다.

조선은행 부산지점

1910년께 지어진 것으로 추정되는 이 건물은 부산 중구 대청동 근대역사박물관 인근에 있는 옛한국은행 부산본부 자리에 있었다.

전형적인 르네상스 건축양식이 돋보이는 건축물로 일제강점기 조선은행 부산지점으로 사용되었다. 해방 뒤엔 한국은행 부산지점으로 이름을 바꿔 개점하였으나 1963년 철거되었다.

조선은행 부산지점이 철거된 자리에는 한국 건축가 1세대로 불리는 이천승이 설계한 건물이 신축되어 현재까지 그 자리를 지키고 있다. 현존 건물역시 재건축 위기에 처했으나 다행히 이를 부산시가 매입, 부산광역시문화재자료 제70호로 지정후 근현대역사박물관으로 재탄생시킬 예정이다. 그런데 그림 속 옛 건물이 훨씬 박물관답지 아니한가.

부
산
서
부
시
가

용두산에서 서구 쪽으로 바라본 중구 부평동, 광
복동 일대 풍경이다.

왼쪽 아래 첨탑이 두 개 있는 건물이 지금의 원스
퀘어(옛 부산예식장) 자리에 있던 상품진열관이고,
그 첨탑 꼭대기에 걸린 듯 붙어 있는 건물이 태평
관이란 극장, 오른쪽 아래 기와집들은 지금의 대
각사 자리로, 당시 동본원사 부산별원(일본 불교의
조선 포교 효시로, 당시 부산에서 신도 수가 가장 많았
던 일본인 사찰)이다.

상품진열관이 쇼핑센터로, 사찰이 사찰로 맥이 이
어오는 걸 보면 땅도 그 내력이 있음을 느낀다.

소나무 맨 끝에 인접한 굴뚝이 토성동 한전 자리
에 있던 조선와사 전기주식회사 굴뚝이니 지금은
비록 아파트가 차지하고 있지만 언젠가 다시 전
기 관련 건물이 들어설지도 모르겠다.

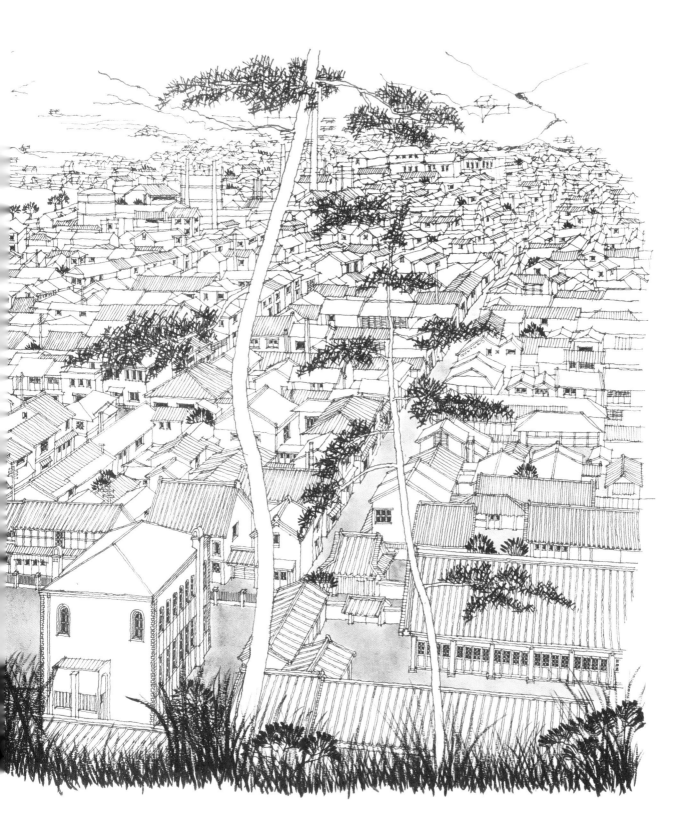

부평정 공설시장

모든 것이 빠르게 변화하는 우리나라에서 도시나 시골 할 것 없이 그나마 옛 모습을 지키고 있는 곳이 시장이었다. 그런데 전통시장 개발 바람이 일며 시장 역시 변화의 물결에 휘말리고 말았다.

가게 간판은 지나치게 획일화되고 시장통은 아케이드화되어버렸다. 그러다 보니 아쉽게도 전통시장의 특색은 사라져버렸다.

그림 속 건물은 1910년께 모습으로 현재 부평동 부평맨션 자리로 추정된다. 우리나라 첫 공설시장이면서 동시에 부산에서 가장 큰 규모의 공설시장이었다. 당시 500여 개에 달하는 점포가 자리하고 있었다 하니 지금의 부평시장이 하루아침에 생겨나지 않았음을 알 수 있다.

^ 부산 부립병원

1877년 2월 일본 해군성은 부산에 관립 제생의원을 건립한다. 개항 이후 늘어난 일본인들을 치료하고 근대적 의료행위를 통해 조선인들에게 제국주의의 우위를 선전하고자 함이었다. 그 후 제생의원은 부립병원, 시립병원 등으로 이름이 바뀌었고 위치도 왜관에서 중앙동으로 옮겨 갔다.

그림 속 건물은 1880년 지금의 로얄호텔 자리에 있던 병원으로, 1936년 지금의 부산대학교병원 자리로 옮기기 전 모습이다.

오늘날의 병원 건물에 비해 예쁘다는 생각이 들지만, 병원 건물이 아무리 예쁘다 해도 어른, 아이할 것 없이 가기 싫어하기는 매한가지일 게다.

∧ 부산 부립 도서관

요즘엔 시절이 좋아 많은 학생이 집에 각자의 개인 공부방을 가지고 있다. 하지만 공부방은커녕 서너 명의 형제들과 한 방에서 복작거려야 했던 옛날에는 도서관이 개인 공부방 역할을 대신했다. 몇몇 문학도를 제외하고는 많은 학생이 시험 공부를 하기 위해 도서관을 찾았다.

지금의 PC방과 같은 구조를 지닌 사설 독서실이 운영되기도 했지만, 남녀 구분이 철저한 곳은 원망의 대상이기도 했다.

그림 속 자그마한 목조 건물은 부산 최초의 공립 도서관이다. 현재 용두산공원으로 올라가는 에스컬레이터 중간쯤에 있는 시민체육시설 자리에 이 건물이 있었다.

그 시절에 비해 인구도 늘고 도시도 거대해졌지만 그 자리는 여전히 조용하고 고즈넉한 숲으로 남아 있다. 도서관 하나 새로 지어도 좋을 듯하다.

제일은행 부산지점

1873년 일본인에 의해 제일第一 국립은행이 설립되는데, 이것이 우리나라 최초의 국립은행이다. 관금官金의 출납과 화폐 발행의 역할을 맡는 등 1896년까지 중앙은행 기능을 담당했다.

그림 속 건물은 그 제일은행의 부산지점이다. 지금의 동광동 부산호텔 앞 하나은행이 입점해 있는 동양빌딩 자리에 있었던 것으로, 출입구나 창문의 인방(건물 출입구 상부에 가로놓여 위쪽 벽을 지지하는 부재) 디자인과 디테일이 예사롭지 않아 건물의 품격을 더했다.

전문가가 예상하는 미래에 없어질 직업 중 은행원이 들어 있는 것이 아직은 실감 나지 않지만, 스마트폰이 은행 업무를 대체하고 있는 걸 보면 틀린 말도 아닌 듯하다.

경상남도 수산시험장

일제강점기 조선총독부는 해양 관측, 해류 조사, 어황 조사, 어업 및 사료飼料 조사 시험, 각종 통조림 제조 시험 그리고 김이나 굴의 양식 시험 등을 위해 수산시험장을 설립했는데 지금의 해양수산부에서 하는 일과 비슷했다.

수산시험장 설립 이후 우리나라의 수산물 양식 기술은 크게 발전했다. 이제는 물류의 원활한 유통과 수족관의 보급으로 바닷가가 아닌 내륙 깊은 동네에서도 생선회를 즐길 수 있게 되었다.

어느 한 가수가 남북평화협력기원 평양공연 때 <명태>란 노래를 불러 화제가 되었는데, 최근 한국수자원공사에서 방류한 명태 일부가 회귀했다는 반가운 소식이 들려왔다.

이 건물은 부산 남부민동 충무쇼핑센터 자리에 있던 것인데, 지금 이 일대는 도로 확장공사로 새 단장되었다.

1904년 11월 일본인 건축가 와타나베의 설계로 지어진 3층 벽돌 건물로 1909년 순종 황제가 부산을 방문했을 때 찾은 곳으로 유명했다.

1905년 상품진열관으로 개관한 이후 일한상품박람회, 경상남도 물산공진회 등의 전시장으로, 또 부산 일본인상업회의소로 쓰이다가 1927년에는 부산 저금관리소로도 사용되었다.

이후 1967년부터 예식장으로 활용되었는데 안타깝게도 1983년에 헐리고 말았다. 그 뒤 그 자리에는 다시 예식장(새부산예식장)이 들어섰다.

지금은 원스퀘어라는 쇼핑타운으로 운영되고 있는데, 당시에는 건물 정면이 지금의 반대편이어서 그림 속 모습은 현재 신창동 신창아파트 앞 팥빙수 골목에서 바라본 것이다.

디즈니랜드를 연상시키는 두 개의 첨탑과 장식이 화려한 현관문, 아치형 창문과 발코니도 그러하거니와 대문과 담장의 장식철물은 지금 재현하려 해도 그 기술을 가진 사람을 찾을 수 없을 것이다.

부
산
헌
병
분
대

개항 후인 1896년 1월 25일, 일본은 한국에 임시 헌병대를 편성한다. 애초 설립 목적은 일본인 거류지 보호를 위해서라고 알려져 있다. 하지만 일제강점기 동안 독립운동 탄압의 중심 기구로 자리하여 군사 및 경찰 사무 등을 담당했다. 같은 해 9월 2일에는 헌병대 부산지부를 설치했는데, 이것이 부산 헌병분대의 시작이다.

이후 여러 차례 그 명칭과 위치가 바뀐 부산 헌병분대는 1911년 지금의 대청동 근대역사박물관 건너편으로 청사를 신축해 이전했다.

복병산을 배경으로 자그맣게 앉아 있는 그림 속 건물은 1926년 모습이다. 역사적 아픔이 담긴 건물의 쓰임을 알지 못한다면 그저 아담하게만 보일 터. 서슬 퍼렇던 그 시절 헌병대 건물이라고는 상상조차 되지 않는다.

1987년까지도 부산 헌병분대의 벽돌 건물은 남아 있었지만 현대식 복합상가 건물이 신축되면서 악명 높았던 벽돌 건물은 역사 속으로 사라졌다.

부
산
공
회
당

일제강점기 철도국과 재부 일본인들의 기부로 1926년 8월 착공해 1928년 3월 준공된 부산 공회당은 연극 공연과 영화 상영, 각종 집회가 열리던 부산의 대표 문화공간이었다.

철근콘크리트와 벽돌 구조인 4층 건물로 연면적이 584평에 달했다. 내부에는 1500명을 수용할 수 있는 무대가 딸린 대집회실이 있었고, 그 외 소집회실, 영사실, 당구실, 오락실, 대합실, 끽연실, 식당, 화장실, 창고도 갖추고 있었으니 현대의 여느 건물에 비해서도 작지 않은 규모다.

위치는 지금의 KEB하나은행 부산영업본부 자리로, 오른쪽으로는 부산역이, 왼쪽으로는 경상남도 산업장려관이 있었다. 안타깝게도 1953년 부산역전 대화재 때 소실되었다.

^
광
복
로

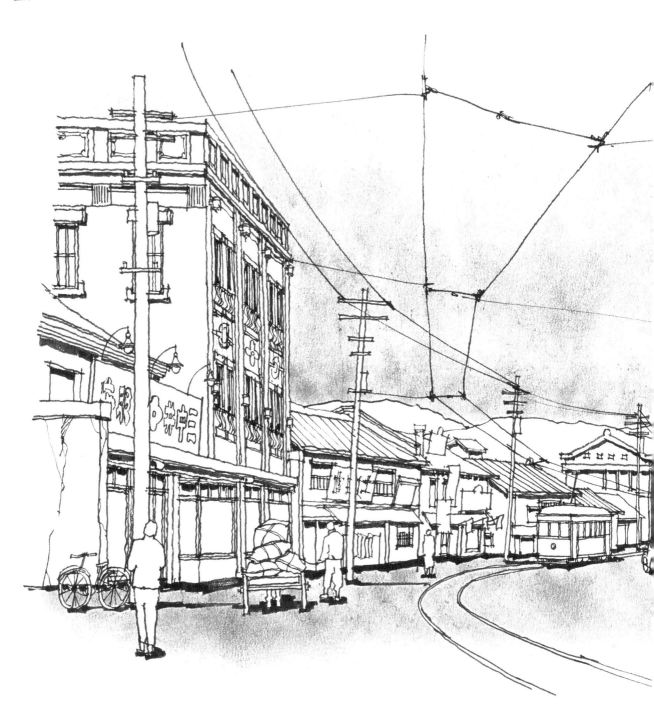

광복동에서 옛 미화당 쪽으로 바라본 1926년께 광복로 풍경이다.

남포동과 부평동을 연결하며 부산 도심부를 관통하는 광복로는 원래 장수통이라 불렸다. 해방 이후 일본인들이 가장 많이 살았던 이곳에 광복동이라는 이름이 붙여지면서 자연 그 길도 광복로라 고쳐 부르기 시작했다.

오늘날 전통시장 상권 살리기의 일환으로 시작된 야시장은 원래 광복로 일대에서 주말 저녁 각종 잡화, 장난감, 학용품 등을 팔던 것을 재현해 꾸민 것이다. 지금으로부터 90여 년 전인 그림 속 풍경에서도 알 수 있듯 예나 지금이나 광복로는 '핫플레이스'였다. 전차, 자동차, 우마차, 자전거는 물론 사람들까지 한데 섞여 있는 모습이 복잡하기 으뜸이다.

그림 왼쪽 3층 건물은 당시 유명한 포목점이었던 미나카이三中井 오복점吳服店 건물. 그 시절에도 광복로는 패션을 선도하는 거리였던 모양이다.

1927년 8월 준공된 이 건물은 원래 야스다은행 부산지점으로 개점했다.

1864년 일본 오사카에서 야스다 젠지로라는 일본인이 자기 이름을 따서 야스다은행을 열었는데, 제1차 세계대전과 관동대지진으로 어려움에 처한 은행 11곳을 병합해 그 규모를 키웠고 1948년 후지은행으로 이름을 바꾼 뒤 한동안 승승장구했다. 또한 이 은행은 1960년 일본 최초의 신용카드를 발행한 것으로 유명하다.

하지만 부산 사람들에게는 조흥은행이 영업하던 모습이 오히려 익숙하다. 그림 속 건물은 헐렸고 그 자리에는 신한은행 부산금융센터가 들어섰다.

세월의 흐름에 따라 동광동 일대의 많은 은행이 사라지고 또 생겨났지만 지금도 그 거리 모퉁이에는 달러나 엔화를 바꿔주는 할머니 한두 명이 쓰러질 듯한 의자에 앉아 있어 지나간 시절의 향수를 느끼게 한다.

동아대학교 부민캠퍼스 내, 지금의 석당박물관 오른쪽에 있었던 건물이다. 1930년에 건립된 것으로 추정된다.

한국전쟁 시기에는 임시 국회의사당으로 활용될 만큼 건물 규모가 컸다. 특히 내부 공간이 넓고 층고가 높아 각종 무도대회가 열리기도 했다.

경상남도 도청, 검찰청, 법원으로 그 관리가 이어지다가 2002년 동아대학교에서 인수한 뒤 철거(2004년 2월)되었다.

건물 주 출입구가 일본 건축의 특색을 보여주는데 이 아치 모양을 당파풍(唐破風. 곡선형으로 된 지붕 장식)이라 하고 이것을 적용한 문을 당문(唐門)이라 부른다. 하지만 중국하고는 크게 상관이 없다. 이것은 우리나라 전통건축의 합각(合閣. 팔각지붕 옆쪽 삼각형 부분)에 해당하는데, 일본 건축에는 신사나 일반 가정집의 현관에 많이 남아 있다.

일제강점기 지금의 롯데백화점 광복점 자리에 있던 미나카이三中井백화점은 부산 지역 최초의 근대적인 대형 백화점이었다.

당시에는 보기 드물게 엘리베이터와 휴게실, 카페, 음악실, 놀이시설까지 갖추고 있었다. 경성에 본점이 있었고 부산을 비롯해 전국에 12개 지점을 둘 정도로 그 규모가 컸다.

해방 후 한국전쟁 때는 제5육군병원으로 쓰였으며 1960년대에는 부산상공회의소로, 1980년대에는 부산시청 별관으로 이용되었다.

1998년 시청이 이전하고 그 자리에 2009년 롯데백화점이 들어섰으니 70여 년 만에 다시 본모습을 찾은 셈이다. 그동안 부산, 미화당, 유나, 세원, 태화, 리베라, 스파쇼핑 같은 많은 향토 백화점이 생겼다가 사라졌다. 이제는 롯데, 현대, 신세계 같은 대형 백화점만 부산에서 만날 수 있다.

부산지방법원

요즈음에는 법 없이 되는 일이 없어서 '법 없이 살 사람'이란 칭찬도 무색해졌다. 건축법만 하더라도 몇십 년 전에는 대학노트 서너 권 분량이던 것이 이제는 들기조차 버거울 정도로 무거워져서 외우는 것은 지레 포기하게 된다.

우리나라의 근대적 사법제도는 1894년 갑오개혁 이후부터라 할 수 있는데 그 제도가 뿌리를 내리기도 전에 1905년 을사늑약으로 일본에 위임되고 말았다.

일제가 조선을 통제하기 위해 조선총독부 재판소를 두면서 그림 속 건물은 1910년 말에 건축되고 1911년 1월에 개관해 1912년부터 부산지방법원으로 사용되었다. 위치는 지금의 동아대학교 부민캠퍼스 법대 건물 자리로 1958년까지 남아 있었다고 한다.

경상남도 산업장려관

비가 오면 비닐우산 장수가 우산을 팔러 다니던 시절, 아침에는 재첩국 사라는 외침과 두부 장수의 종소리가 들리고, 밤에는 찹쌀떡 장수가 사람들을 찾아가던 시절은 이제 옛날이 되어버렸다. 지금은 거의 모든 상품을 편의점이나 대형 마트에서 구입하거나 택배로 배달시킬 수 있으니.

하지만 그때에도 지금의 벡스코BEXCO 같은 곳이 있었는데 1915년 진주에 개관한 경상남도 물산진열관이 그것이었다. 이 물산진열관은 1924년 4월 부산으로 이전했는데 1932년 증축과 함께 산업장려관으로 명칭을 고쳐 재개관했다.

이곳에서는 경상남도에서 생산되는 각종 물품의 전시, 위탁판매, 거래 알선 등이 이뤄졌다. 그뿐 아니라 전람회와 공진회 개최, 참고도서 열람 같은 다양한 사업도 진행되었다. 지금의 중앙동 흥우빌딩 자리(옛 부산 공회당 왼편)에 있던 건물이다.

부산 제빙소

요즘같이 가정마다 냉장고가 필수품으로 자리하기 이전에는 얼음을 판매하는 얼음판매소가 동네마다 있었다. 그곳에는 커다란 돌덩이 같은 얼음이 놓였는데, 소비자가 원하는 만큼 톱으로 잘라 메주를 묶듯 새끼줄에 매달아 주었다.

엄마 심부름으로 얼음을 사러 온 아이들은 행여 얼음이 녹을세라 새끼줄에 매단 얼음을 들고 정신없이 집으로 달려가곤 했다.

그렇게 사 온 얼음을 먹기 좋게 망치와 바늘로 톡톡 잘게 깨는 일은 주로 아버지들의 몫이었다. 무더운 여름, 송골송골 땀방울이 맺힌 아버지를 둘러싸고 얼음 조각을 먹기 좋은 크기로 만들어 시원한 수박 화채나 미숫가루에 넣어 먹었다. 냉장고가 없던 시절, 얼음판매소는 찜통 같은 여름을 버티게 해주는 든든한 지원군이었다.

그림 속 건물은 지금의 남포동 롯데백화점 자리에 있었던 얼음 공장이다. 왼쪽으로 보이는 소나무숲은 용미산이다.

부산 상업은행

부산이 제2의 도시라는 건 누구나 아는 사실이다. 한데 부산에는 지역을 기반으로 한 기업이나 시설이 많이 남아 있지 않다. 이는 지방자치제 이후에도 특별히 달라지지 않았다.

일제강점기 부산에 본점을 둔 근대 금융기관이 있었으니 바로 그림 속 '부산 상업은행'이다. 1913년 3월 6일 부산부 금평정 17번지(지금의 중구 광복동 일부)에 일본인 상공업자들과 이규직이라는 한국인 실업가가 설립했는데, 이후 진해 등에 지점을 설치하고 사업을 확장해나갔다. 그러나 부산 수산회사라는 곳에 대출한 거액의 자금이 부도 처리되면서 경영 부진으로 1935년 6월 22일 조선 상업은행에 병합되고 말았다.

한국전쟁을 거치며 부산을 모태로 출발한 큰 기업들이 적지 않게 생겨났지만 대부분 서울로 본사를 옮겨가고 지금은 그 흔적들만 기록으로 남아 있을 뿐이다.

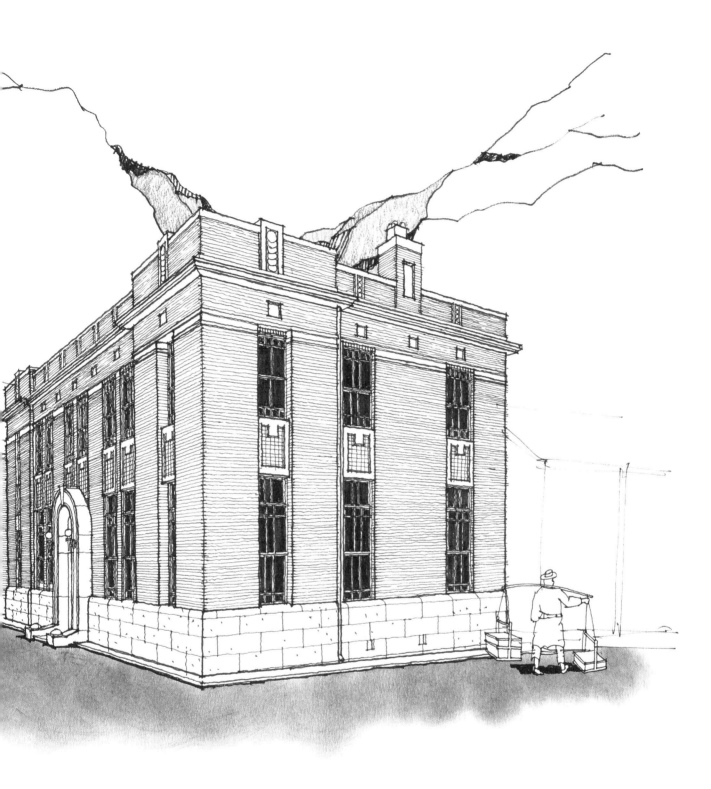

부산은 항구도시다. 따라서 해상 감독, 곧 어업 관리감독, 해상 경비, 해난 구조, 해양 오염 감시, 방재 등의 경찰 업무가 매우 중요하다.

일제는 1920년 1월 20일 부산 수상경찰서를 신설했는데 지금의 해양경찰과 같다고 할 수 있다. 우수한 경비선을 갖추고 경북 및 전남 연안까지 관리감독했다고 하니, 그 위상이 대단했을 것으로 보인다.

그림 속 건물은 1934년께 모습으로 지금의 중앙동 부산 연안여객터미널 앞에 있었다. 하지만 안타깝게도 부산대교 방향으로 도로가 개설되면서 부산세관과 함께 사라졌다.

오늘도 해양경찰이 제 역할을 해주어 부산 바다를 잘 지켜주길 믿어 의심치 않는다.

그림 속 건물은 1923년 지어진 철도병원이다.
철도병원은 당시 부립병원, 백제병원과 함께 부
산의 3대 병원으로 유명했다. 현재 초량 지하철역
인근 보훈회관과 그 옆 호텔 부지에 약 400여 평
규모로 자리했는데, 그림 속 언덕바지 형태의 지
형이 지금도 약간 남아 있다. 1944년부터는 부산
교통병원으로 이름이 바뀌었으며, 한국전쟁 이후
화재로 소실되면서 병원은 인근의 다른 건물로 이
전했다. 1971년 이전한 병원 건물을 철도청이 일
본 영사관 부지로 매각하면서 지금까지도 일본

영사관이 그곳에 자리하고 있다.
당시 신문기사를 보면 매각에 대한 시민들의 반
발이 상당했던 것을 알 수 있다. 공교롭게도 해당
부지 바로 옆 정발장군 동상 자리에 3·1운동 기념
탑이 있었던 것. 그 때문에 광복회 회원들을 중심
으로 반대 운동이 심했다고 한다.
오늘날에도 위안부 소녀상이나 강제징용 노동자
상 설립으로 일본과 우리 정부 사이의 마찰이 끊이
지 않는 것이 과거의 일과 무관하지 않아 보인다.

부
산
세
무
서

건물도 사람과 비슷하다. 친하게 다가가고 싶은
건물이 있는가 하면 그리 친근하게 지내고 싶지
않은 건물이 있다. 법원이나 경찰서, 병원, 요양 시
설이 후자에 속할 것이다. 세무서 역시 별반 다르
지 않을 듯하다.

그림 속 건물은 중구 광복동 1가에 있던 것으로,
현재 그 자리에는 박용상 비뇨기과가 들어섰다.
그림 속 건물이 남아 있던 당시에는 부산부청, 경
찰서, 소방서 등이 인근에 모여 있어 일대가 개항
초기 부산의 중심지였다고 한다.

아담한 2층 목조건물만으로도 모든 세무행정이
가능할 정도였으니, 당시 부산 경제의 규모를 가
늠해볼 수 있다.

지방선거 이후 모처에서는 고액 세금 체납자들을
발본색원한다는 소식이 들린다. 부디 모든 국민
이 공명정대하게 살 수 있기를 기원한다.

조
선
식
산
은
행

일본은 조선을 체계적으로 지배하기 위해 몇 개의 회사를 설립한다. 그 대표적인 것이 토지 수탈을 목적으로 한 동양척식주식회사와 자본을 잠식하기 위한 조선식산은행이다.

조선식산은행은 각 지방에 있던 농공은행의 권리와 의무를 계승해 1918년 설립된 은행으로, 조선총독부가 조선의 농업생산을 극대화하기 위해 일본인의 투자와 경영에 의존하는 대형 개발은행으로 설립한 것이다.

조선식산은행은 1930년대 중반까지는 산미증식계획, 농업개발을 지원했지만 1937년 일본이 중일전쟁을 일으켜 중국 침략을 본격화하면서는 군수 공업화 지원에 주력했다.

1945년 해방이 된 뒤에는 그 명칭이 한국식산은행으로 바뀌었다가 1954년 제정된 한국산업은행법에 따라 한국산업은행으로 재출범했다.

그림 속 건물은 중앙동 2가에 있던 것으로 지금도 그곳에는 여전히 한국산업은행 부산지점이 자리하고 있다. 역사는 뿌리 깊을 수밖에 없다.

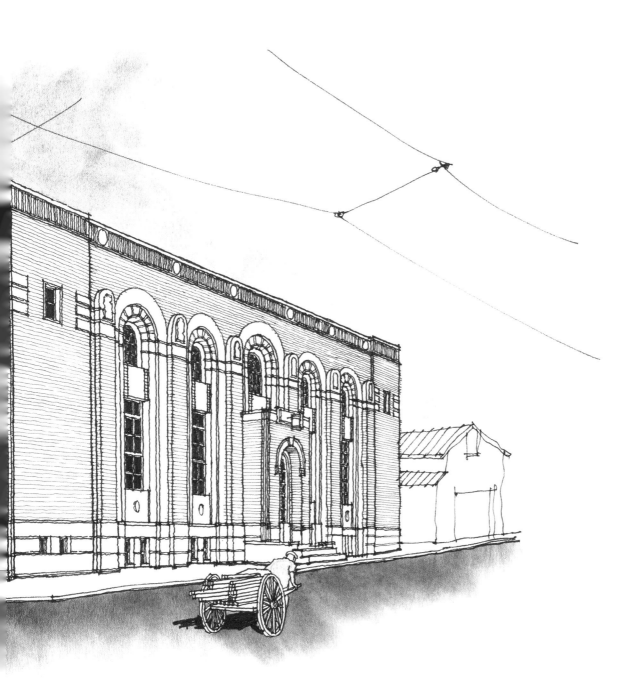

대청정 거리

이 풍경은 1930년대 보수동 쪽에서 바라본 부산 대청동 거리 모습이다. 대청동이란 이름은 근처에 동래부사나 부산첨사가 일본 사신을 맞아 연회를 베풀던 연대청宴大廳이 있던 데서 유래한다.

오른쪽 낯익은 건물은 동양척식주식회사로 지금은 근대역사박물관으로 쓰이고 있다. 그 뒤에 보이는 돔dome을 가진 건물이 그 당시 조선은행 부산지점 건물로, 지금은 없어지고 그 자리에 한국은행 건물이 들어섰는데, 곧 근현대역사박물관으로 바뀔 예정이다.

왼쪽에는 일본식 기와집들과 요릿집들이 보이는데, 1960년대 후반 대청로를 확장할 때 없어지고 지금은 그 주위로 패션 거리가 형성되었다.

지금으로부터 90여 년 전인데도 꽤 번화해 보인다. 그림 속 소녀들은 전차가 땅속으로 다니게 될 줄은 꿈에도 몰랐을 것이다.

침 발라 우표를 붙이는 손편지보다 이메일이 편해
진 세상이다. 편지 겉봉을 뜯는 설렘은 이제 스마
트폰 카톡 확인이 대신한다. 각자의 사연을 담은
빨간 우체통은 거리에서 좀처럼 발견하기 어렵다.
어느 시인이 잃어버린 사랑을 찾던 그리움의 우체
국이 택배를 주고받는 물류센터로 전락해버린 현
실…. 서운하고 안타깝다.

그림 속 건물은 1910년께 부산우편국이다. 지금
의 대청동 부산우체국 뒤편에 자리했던 건물은
웅장하고 화려한 자태를 뽐냈다. 하지만 1953년
부산역전 대화재 때 함께 소실되었다.

한 자 한 자에 정성을 담아 편지를 띄우던 우편국
은 당시 사람들에겐 퍽 애틋하고 정다운 장소였
을 터. 오늘은 모처럼 하얀 편지지를 앞에 놓고 그
리운 누군가에게 손편지를 띄워볼까 싶다.

부산 공립중학교

그림 속 건물은 초량동에 있는 부산중학교의 전신인 부산 공립중학교 교사다.

전통 있는 학교일수록 이런 르네상스 풍의 목조 교사들을 꽤 오래 가지고 있었지만 1970년대에는 거의 다 없어지고 철근콘크리트 건물로 대체되었다. 그뿐 아니라 변두리로 이사를 가며 아예 학교를 통째로 새로 짓는 경우도 많았다.

1983년 중고등학생들의 두발과 교복 자율화가 실시되기 전에는 군대식 머리에 일본 제국주의식 교복을 입고 미국 찬송가 풍 노래를 배우며 민족 자긍심을 키워야 했으니, 지금의 청소년들은 상상도 못할 일이다.

요즈음은 전국 어디에나 최첨단으로 쾌적하게 지어진 학교 건물이 들어서 있으니 무척 좋아 보이기는 한다. 하지만 한편으로는 오래된 교실 문을 "드르륵" 하고 열면서 출석부와 사랑의 회초리를 들고 들어오는 담임 선생님 모습과 그 풍경들이 무척 그립다.

사라져버린 부산의 근대건축물 중 가장 최근까지 남아 있던 조선상업은행 부산지점.

부산역에서 영주터널(지금의 부산터널)로 돌아가는 모퉁이에 있던 이 건물은 조흥은행이라는 간판을 달고 1987년까지 우리 곁에 남아 있었다.

그런 까닭에 많은 부산 시민이 이 건물을 기억하고 있어서 더욱 지켜내지 못한 게 안타깝다. 건축 초년병 시절에 봐도 제법 근사해 보여서 가끔 지나갈 때면 한 번 더 쳐다보곤 했는데 어느 순간 헐리고 말았다. 그 터에 널브러져 있던 선홍색 벽돌이 여전히 기억 속에 선명하다.

지금은 신한은행이라는 이름표를 달고 조그마한 건물이 들어서 있으나 부두로 넘어가는 고가도로에 눌려 그조차 유심히 보지 않으면 지나친다.

"좌천동 오버브릿지"라 부르는 고가도로가 곧 헐린다고 하니 언젠가는 그림 속 건물에 버금가는 건축물이 그 자리에 들어서 새로운 역사를 만들어갈 수 있기를 바란다.

부산 소방본부

1897년, 소방조消防組가 일본인 거류지의 야간 경비를 목적으로 창립한다. 1915년에 이르러서는 총독부령으로 다섯 개의 소방조가 세워지는데 그림 속 건물은 부산 동광동 한일주차장 자리에 있던 소방본부의 1934년도 모습이다.

그 당시에도 제법 소방시설을 갖추고 있었는데, 소화 설비를 갖춘 선박도 다섯 척이나 보유하고 있었다고 한다.

불이 나면 진압해야 할 소방서 건물이 목조로 되어 있어 어쩐지 신뢰가 가지 않지만, 지진에는 오히려 나무로 된 구조가 안전하니 당시 지진에 대한 일제의 트라우마가 읽히는 것도 같다.

쓰나미, 태풍, 지진과 같은 자연재해가 닥치는 건 어쩔 수 없겠지만 화재만큼은 사람의 힘으로 극복할 수 있는 것이니 대비에 만전을 기해야겠다. 일선 소방대원들의 안녕을 기원한다.

그림 속 건물은 중앙동에서 일본인이 경영했던(지금의 <부산일보>와는 상관없음) <부산일보> 사옥으로 추정된다.

한 국가를 지배하기 위해 언론사부터 설립한 것으로 보아 예나 지금이나 언론이 중요한 것은 틀림없는 듯하다. 그래서인지 건물 격식이나 완성도가 훌륭해 보인다. 그러나 건물에 대한 정확한 기록이 남아 있지 않으니 아쉬울 뿐이다.

요즘처럼 일인 방송국인 유튜브가 대세인 때에는 신문 읽는 사람 보는 게 하늘의 별 따기다. 그럼에도 오늘은 신문이었으나 내일은 신문지로 전락할지언정 우리 곁에 좀 오래 남아 있었으면 싶다.

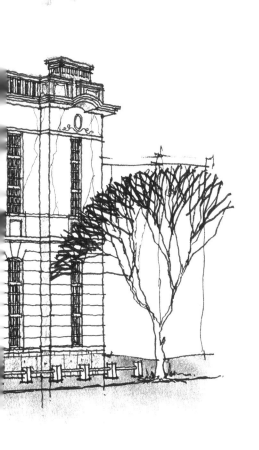

부산일보사 Ⅱ

<부산일보>는 부산의 역사와도 같이 파란만장했다. 맨 처음 <부산일보>는 대청동에 있던(일제강점기에 지어진) 그림 속 건물에서 시작되었다. 해방이 되고 박수형이란 사람이 그곳 시설을 인수받아 1946년 9월 10일 <부산일보>를 창간했다. 그 후 한국전쟁 때 사옥이 미군에 징발되었고, 1953년 부산역전 대화재 당시 피하지 못하고 화마를 입었다.

<부산일보>는 1963년 중앙동으로 사옥을 이전했다. 동아중학교가 있던 현재의 자리로 신축 이전한 것은 1984년 12월경이다.

2016년 창간 70주년을 맞이했으니 <부산일보>가 우리와 함께해온 역사는 짧지 않다. 헌데 또다시 북항으로 이전 계획이 있다 하니 새로운 시작의 기점이 될 듯하다.

석당박물관

이 건물은 1925년 4월 진주에 있던 경남도청을 부산으로 옮겨 오면서 지어졌다. 해방 이후에도 계속해서 경남도청사로 쓰이다가 한국전쟁이 발발하면서는 임시수도 정부청사로 잠시 사용되기도 했다. 이후 경남도청이 창원으로 이전한 1983년부터는 부산지방법원 및 검찰청으로 그 역할을 했다.

2001년 9월 20일 부산 법원종합청사가 연제구 거제동에 신축되면서 법원과 검찰청이 이전하게 된 이후로는 동아대학교에서 건물을 인수했다. 그 뒤 리모델링을 거쳐 2009년 5월 박물관으로 개관했다.

이 석당박물관은 부산에 현존하는 근대건축물 중에서 가장 규모가 큰 건축물인데 동아대학교가 부민캠퍼스를 조성하면서 문화공간으로 되살려놓은 것은 정말 고마운 일이다.

이토록 유서 깊은 건물은 등록문화재 제41호로 지정되어 있다.

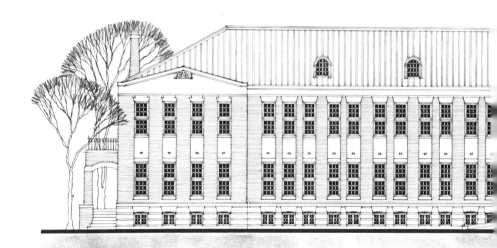

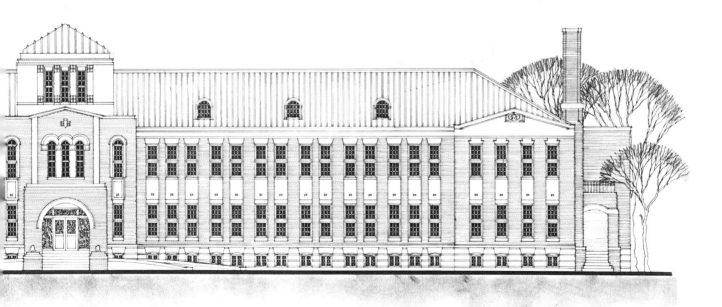

동래별장이 있는 동래온천장은 신라시대부터 잘 알려진 곳으로 각종 질환에 치료 효과가 있다고 해 많은 이가 찾곤 했다. 개항 이후에는 일본인들이 근대적 온천으로 개발했으며 이후 금강원과 함께 유원지로 번창했다.

그림 속 건물은 일제강점기 시절 부산의 갑부 하자마 후시타로가 지은 별장이다. 광복 후에는 미군정청이 군정 업무를 그곳에서 보았고, 한국전쟁 때는 부통령 관저로 사용되었다. 이때 동래별장이라는 이름이 붙여졌다.

1965년에는 고급 요정으로 영업을 시작해 휴·폐업을 거듭하다가 2000년 10월 관광음식점으로 다시 문을 열어 오늘에 이르고 있다.

그 역사의 질곡 때문인지 지금은 동래별장이란 이름을 걸고 운영하는 음식점들이 곳곳에 제법 보인다.

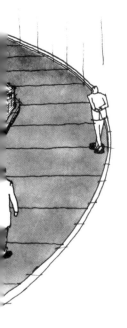

요즈음이야 남녀가 같은 학교를 다니는 게 흔하지만, 1980년대만 해도 '남녀공학'이란 말은 생소했다. 동시에 부러움의 대상이기도 했다. 그러니 더 옛날에는 오죽했을까.

그림 속 건물은 1895년 10월 호주장로교 선교회가 좌천동에 창설한 일신여학교다. 여성들에게는 근대 교육의 기회조차 없었던 시절에 생긴 한강 이남 최초의 여성학교였으며, 부산·경남 지역에서 처음으로 3·1운동을 시작한 독립운동의 산실이기도 했다.

일신여학교는 동래로 옮겨 가면서 동래중학교로 명칭이 바뀌었고, 그곳에서 다시 금정구 구서동으로 이전해 지금에 이르고 있다. 옛 건물은 부산광역시기념물 제55호로 지정되었다. 2004년 국비와 시비를 지원받아 원형을 복원하는 공사를 진행해 지금은 역사관으로 활용되고 있다.

부산 자갈치 아지매의 억척스러움과 강인함이 그냥 생겨난 것이 아닌 듯하다.

임시수도기념관

일제강점기였던 1925년, 경남도청이 진주에서 부산으로 이전하며 지은 도지사 관사다. 1926년 8월 20일 완공된 이 붉은 벽돌조 2층 건물은 이후 부산이 대한민국 임시수도일 때 이승만 대통령의 거처로 사용되기도 했다. 최근에는 경사가 있었다. 국가지정문화재 사적(제546호)으로 지정되었기 때문이다.

지금은 한국전쟁 당시 대한민국 정치의 최종 결정과 대외적 외교업무가 이뤄진 장소임을 기리는 임시수도기념관으로 사용되고 있다. 대통령 집무실과 응접실, 대통령 내외와 수행비서들의 생활공간이 당시 분위기 그대로 재현된 건물 내부는 아기자기한 공간 구성으로 눈길을 끈다.

건물 정면을 포함한 모든 면의 외관이 훌륭해 건물은 그 자체만으로도 멋스럽다. 잘 가꿔진 야외 정원은 기념관을 찾은 관람객들에게 기대 이상의 운치를 선사한다.

그림은 피난 시절 이승만 대통령과 프란체스카 여사, 수행원들이 이 건물 앞에서 찍은 사진을 참고해 재현해 보았다.

성공회 부산 주교좌성당

그림 속 성당의 공식 명칭은 '대한 성공회 부산 주교좌성당'이다.

로마네스크 양식의 벽돌조 건물로 1924년에 지어져 머릿돌에 그 연도가 남아 있다. 로마네스크 양식이라 해도 평면 형식이나 규모 면에서 볼 때 서양의 정통 성당보다는 작고 아담한 느낌이다. 그래도 창문이나 벽체의 디테일은 로마네스크 양식을 따르고 있다. 건립 이후 1964년에 증축이 진행되었으나 외형은 건립 당시 그대로라 한다.

근대역사박물관 건너편에 있지만, 골목으로 들어간 곳에 자리해 부산 사람들이라 해도 좀처럼 아는 이가 많지 않다.

부산·경남에 소재한 성당 건축물 중 90년 이상 된 유일한 건축물로 건축사적 가치가 높다. 이 건물은 등록문화재 제573호로 지정되었다.

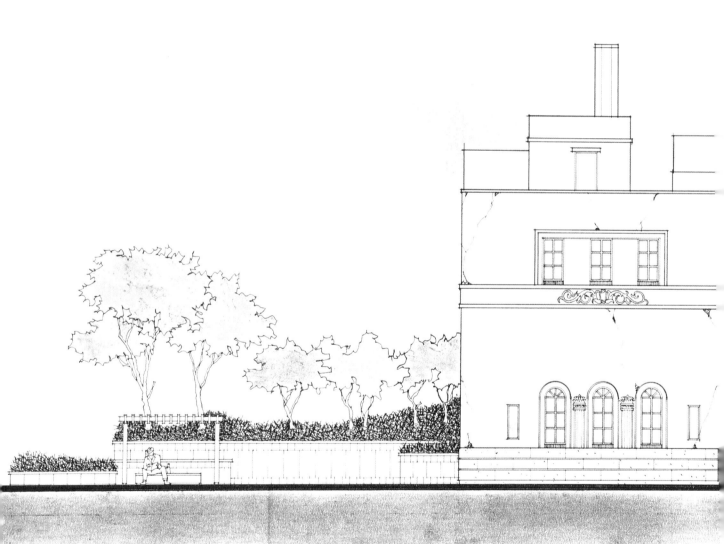

을사늑약 이후 일본은 우리나라를 정치적으로 지배하는 데 그치지 않았다. 경제적으로도 수탈하기 위해 1908년 동양척식주식회사를 설립하고 한국과 중국에 17개 지점과 출장소를 만들었다. 1929년 9월에는 이 건물을 지어 부산지점을 이전 개설하고 부산·경남 지역의 토지를 소유·관할하게 했다. 해방 이후에는 미군이 접수해 1949년부터 미문화원 건물로 사용했고, 한국전쟁 시기에는 미국대사관 역할도 맡았다.

1982년에는 '부산 미문화원 방화사건'이 일어나는 등 수난을 거듭하다가 부산 시민들의 오랜 요구 끝에 1999년 부산시에 반환되었다.

부산시는 침략과 고난의 상징인 이 건물을 아픈 역사를 알리는 시민교육의 장으로 삼고자 2003년 7월 3일 근대역사관으로 개조해 문을 열었다.

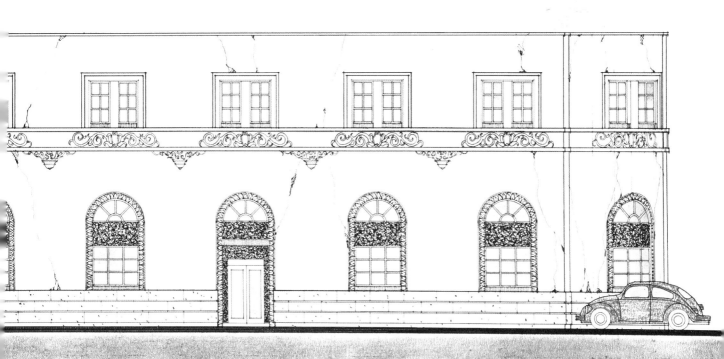

부
경
고
등
학
교

그림 속 건축물은 부산 사람들에게는 '경남상고'란 이름으로 친숙한 학교 건물이다.

구한말에 문을 연 이 학교는 일제강점기를 거치는 동안 여러 이름으로 불렸으며 위치 또한 여러 번 이전했다. 그러다 1945년 부산제일공립상업학교로 개교하며 지금의 위치에 자리를 잡았다. 이듬해에는 다시 경남공립상업중학교로 개칭했고, 1951년에는 부산제1상업고등학교로, 1953년에는 경남상업고등학교로 교명을 바꾸며 우리에게 친숙한 '경남상고'로 탄생했다. 하지만 2004년 일반계 고등학교로 전환되면서 지금의 이름인 '부경고등학교'가 되었다.

그림 속 건물은 부경고등학교 본관 건물로 등록문화재 제328호다. 좌우 대칭 평면에 석당박물관을 닮은 아치형 현관, 반복된 수직 창과 여러 디테일이 무척 아름답다.

백
제
병
원

1927년 개원한 부산 최초의 근대식 개인 종합병원 건물이다. 병원 폐업 후에는 봉래장이라는 중화요리점이 자리를 잡았고, 부산에 주둔한 일본군 장교 숙소로 사용되기도 했다. 1950년 잠시 대만의 임시 영사관 및 대사관이 되었다가 개인에게 매각된 뒤에는 여러 용도를 거쳤는데, 1972년 화재로 건물 내부를 수리한 뒤부터는 일반 상가로 사용되어왔다.

이런 굴곡을 겪으면서도 옛 백제병원 건물은 꿋꿋하게 살아남았다. 현재는 내부를 리모델링해 카페와 스튜디오로 쓰고 있다. 일순간 헐려버린 인근 남선창고의 운명을 생각하면 고맙고 대견하기까지 하다. 건물은 2014년 등록문화재 제647호로 지정되었다.

남아 있는 근대건축물 중 손쉽게 접할 수 있는 몇 안 되는 소중하고 의미 있는 건물로 곳곳에서 느껴지는 세월의 흔적이 멋스럽고 운치 있다. 그래서인지 이곳에 갈 때마다 벽체 흔적만 남은 남선창고의 운명이 더욱 안타깝게 느껴진다.

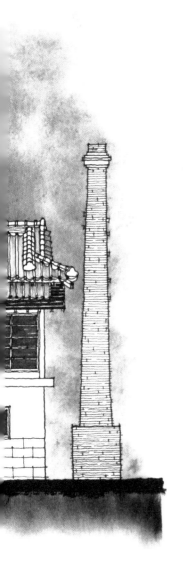

1943년 지어진 전형적인 일본 무사계급의 목조주택이다. 동구 수정동에 위치한 이 주택은 2층 규모지만 중층이 있어 내부 공간이 다양하게 연출되었다. 또한 복도의 구성이나 창호의 섬세한 꾸밈이 눈길을 끈다. 최근까지 사용되었을 것으로 짐작되는 다다미와 가구, 소품 등이 잘 보존되어 있어 더욱 예스럽다.

이곳의 또다른 매력은 대문과 정원이다. 오랜 세월 갈고 닦은 듯 자연스럽게 자리를 잡은 모양새가 예사롭지 않다. 전북 군산에 있는 히로쓰가옥과 비교해 살펴보면 더더욱 보는 재미가 있다. 2007년 등록문화재 제330호로 지정되었는데, 2010년 문화재청에서 매입해 2016년 6월부터 '수정'이란 이름의 문화공간으로 문을 열었다.

세월을 고스란히 담고 있는 특유의 분위기 덕에 여러 영화와 뮤직비디오 촬영지가 되기도 했다. '정란각'이란 이름의 요릿집으로 운영된 기억 탓인지 근처 사람들에게는 옛 이름 '정란각'이 더 친숙하다.

송정역

서울 사람들에게는 춘천 가는 기차를 타고 북한
강 풍경을 즐기는 것이 로망이었듯, 부산 사람들
에게는 부산진역에서 출발하는 동해 남부선 타
고 동해를 보러 가는 것이 로망이자 일탈이었다.
해운대, 송정, 기장, 일광…. 역 순서를 외우기도
하고, 마주 앉아 게임도 했다. 심지어 통기타 치며
노래를 불러도 옆좌석 승객이 언짢아하기는커녕
즐거워하는 분위기였다. 이제는 새 철도와 새 역
사가 생기고 옛 송정역이 등록문화재 제302호로
지정될 만큼 옛이야기가 되었다.
조그마한 역사도 예쁘지만 옆에 붙은 창고 건물
의 아르누보 양식의 철 장식도 볼 만하다. 얼른 헐
려버린 기장 역사에 견주면 남아 있는 게 다행스
러워 더 예뻐 보인다.

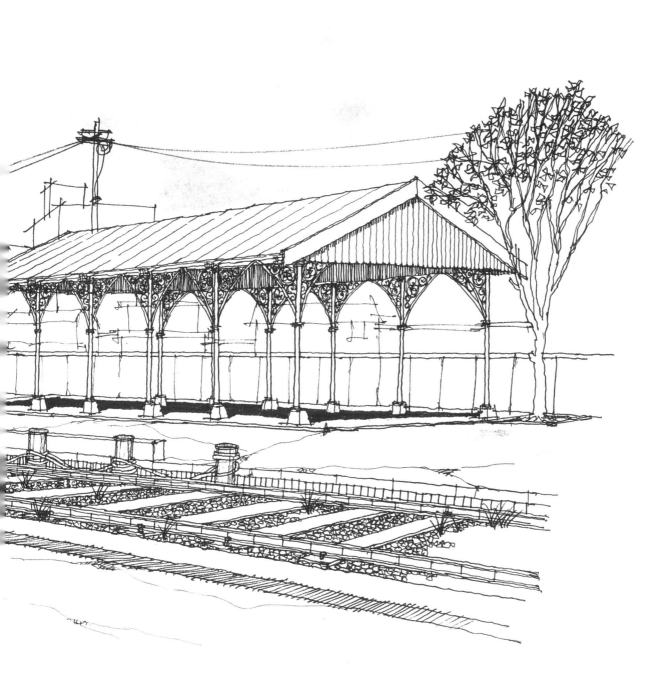

보
림
극
장

1960~1970년대에는 영화관을 극장이라고 불렀다. 아마 영화만이 아니라 각종 공연이 같이 열려서 그랬을 것이다. 변변한 즐길 거리가 없던 그 시절에는 당시 인기 있던 가수나 배우들이 '쇼'나 '리사이틀'이란 이름으로 극장에서 공연하는 것이 전국적으로 유행이었다.

보림극장은 1955년 남포동에서 출발해 1968년 그림 속 위치인 범일동에 1734석 규모로 이전 개관했다. 다른 극장에 비해 규모가 커서 대형 공연장으로 인기가 높았다. 그나마 오랫동안 남아 있었지만 경영난으로 1998년 문을 닫은 뒤 대형 마트로 운영되다가 2018년 건설사에 매각되어 순식간에 헐려버렸다. 주위에서 오가던 보존에 대한 논의 또한 한순간에 사라졌다.

부산대학교 인문관

이 건물은 부산대학교 본관, 곧 대학본부로 사용되던 건물이다. 1959년 10월 31일 건립되었는데, 우리나라 건축계에서 고故 김수근 선생과 함께 양대 산맥을 이뤘던 고故 김중업 선생의 작품이다. 김중업 선생이 프랑스에서 활동하다 귀국한 지 얼마 되지 않은 시점에 설계한 초기 작품으로 스승인 르코르뷔지에(프랑스 건축가)의 영향이 곳곳에 보인다.

공간감이나 디자인이 지금 수준에서 봐도 결코 떨어지지 않는다. 길이가 140미터에 달해 당시로서는 초대형 건물이었는데 지형에 순응하면서 곡선의 부드러움을 잘 살렸다. 아울러 내부 공간, 벽면의 꾸밈이 상당히 돋보인다.

몇 차례 리모델링되었지만 원형을 크게 훼손하지 않아 2014년 등록문화재 제641호로 지정되었다.

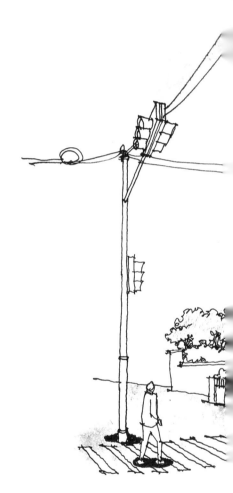

서구 토성동 1가 부평교차로에서 부산대학병원 쪽으로 고개를 돌리면 단아한 4층짜리 건물이 보인다. 흔히 '남선전기 사옥'이라 불리는 한국전력공사 중부산지사 건물이다.

원래 민간회사인 조선와사전기(주) 본사 건물로 신축되었으나 이후 남선합동전기회사(주) 부산지점 사옥으로 사용되었고, 한국전쟁 피란 수도 시절에는 상공부 건물로 쓰이기도 했다.

나무로 기초 타일 공사를 한 뒤 철근콘크리트 구조로 세워졌으며, 외벽은 화강석으로 마감했다. 처마 밑 수평 돌림 장식이 빼어나다.

내부에는 계단실의 인조 대리석, 난방 배관, 대형 금고 등이 그대로 남아 있으며, 전체적으로 르네상스 양식을 띠고 있다.

2007년 등록문화재 제329호로 지정되었는데 부산의 일제강점기 근대건축물 중에서 유일하게 원래 용도로 지금껏 쓰이고 있으며 원형을 가장 잘 보존하고 있는 건물이다.

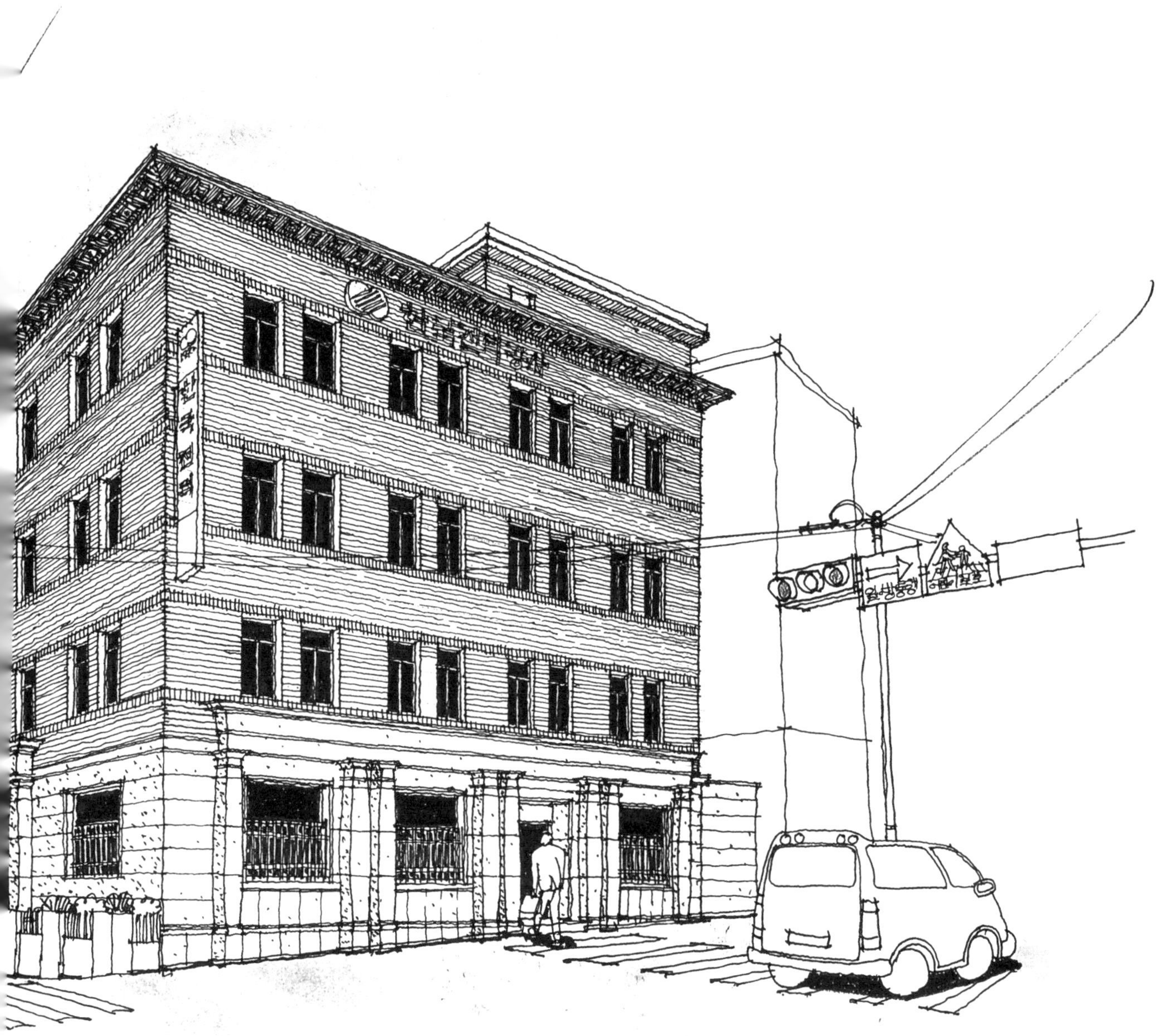

가덕도 등대

가덕도 최남단에 서구 양식으로 지어진 이 등대는 대한제국 말기인 1909년 12월 건립되었다. 붉은 벽돌과 미송을 사용했고 출입구 위쪽으로 우리나라 황실의 상징인 오얏꽃 문양을 새겨 넣었다. 지금은 건물 전체를 흰색 페인트로 도색해 원재료를 알아보기 어렵다. 그럼에도 벽돌을 쌓은 기술이나 장식미가 무척 돋보인다.

2003년에는 부산광역시 시도유형문화재 제50호로 지정되었다. 건물에서 사방으로 보이는 경치가 일품인데 군사지역이어서 일반인은 미리 허가를 받고 출입해야 한다.

해안가 철책선이 철거되고 DMZ에서 남북한이 소통하는 시점에 아이러니한 이야기 같지만 '군사지역'이라는 제한이 지금까지 훼손되지 않고 자리를 잘 지킬 수 있게 만들어준 것도 같다.

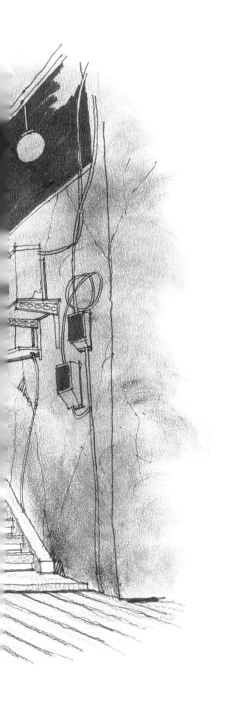

일제강점기에 북항을 매립하면서 부산항과 쌍산
위의 조선인 노동자들이 거주했던 민가들을 연결
하기 위해 설치되었던 계단이다.

한국전쟁 때는 바로 앞 부두에서 들어오는 구호
물자를 내다 파는 장터 역할도 했는데, 피난 중 헤
어진 가족들의 상봉 장소로 영도다리와 함께 알
려졌던 부산의 상징적인 장소였다. 가수 박재홍이
불러서 당시 유행했던 <경상도 아가씨>란 노래
가사에도 이 40계단이 등장한다.

부산역전 대화재 이후로 도시계획을 새로 짜면
서 몇십 미터 정도 남쪽으로 옮겨온 곳이 지금 위
치다. 여기에서 <인정사정 볼 것 없다>라는 영화
를 촬영해 더 유명해졌다.

40계단문화관과 소라계단이 추억의 조형물들과
함께 잘 꾸며져 있어 2004년에는 부산시 최우수
거리로 선정되기도 했다.

일제강점기 대정공원(지금의 부산 서구청 자리)에
있던 운동장 기능이 1927년 지금의 구덕경기장
자리로 옮겨왔다.

여기서는 체육과 관련된 행사만이 아니라 일제
침략전쟁 동원을 위한 '학도 전력증강 국방대회'
같은 군사훈련 대회도 열렸는데, 1940년 부산의
유명한 항일운동인 '노다이 사건'은 여기서 촉발
되었다.

해방 후 1971년에는 그림 속 실내체육관이 연면
적 6876제곱미터에 3589석 규모로 지어졌다. 부
산 최초로 쉘shell 구조를 적용한 것으로 지붕 곡
선이 날아갈 듯 인상적이다.

2017년 시민친화적 구덕운동장 재개발사업의 일
환으로 철거되고 주차장으로 바뀌었는데 이런 걸
보면 사라진 세관 건물을 복원하자는 움직임이
무색해진다.

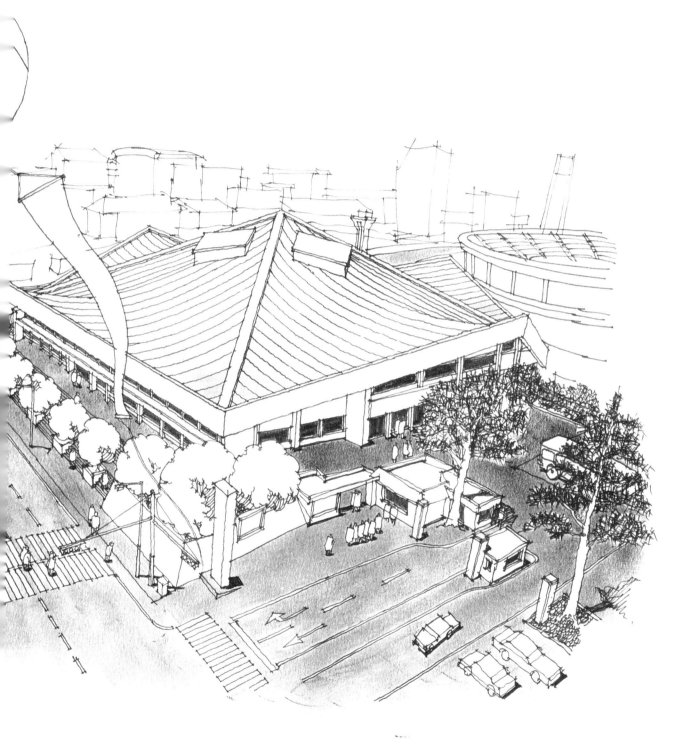

부산 기상관측소

중구청과 남성초등학교, 남성여자고등학교가 위치한 곳의 산 이름이 복병산이다. 복병산이란 명칭은 초량왜관 안에 있던 일본인을 감시하기 위한 복병막이라는 초소가 있던 데에서 유래했다고 한다. 그림 속 건물은 1934년 복병산 정상에 건립된 부산측후소 건물로 2001년 부산시기념물 제51호로 지정되었다.

부산측후소는 해방 뒤인 1948년 국립중앙기상대 부산측후소로 명칭이 바뀌었고, 1992년에는 부산지방기상청으로 승격했다. 2002년 1월 부산기상청이 동래구 명륜동 동래구청 옆으로 이전하면서 건물은 원래 기능인 기상관측소로서 그 업무를 이어가고 있다.

건물 형태를 배의 형상에서 따왔다고 하는데, 아마 선교(브릿지) 부분을 형상화한 것으로 보인다. 부산이 격동의 파도를 잘 헤쳐왔듯 부산의 내일 또한 맑을 것으로 확신한다.

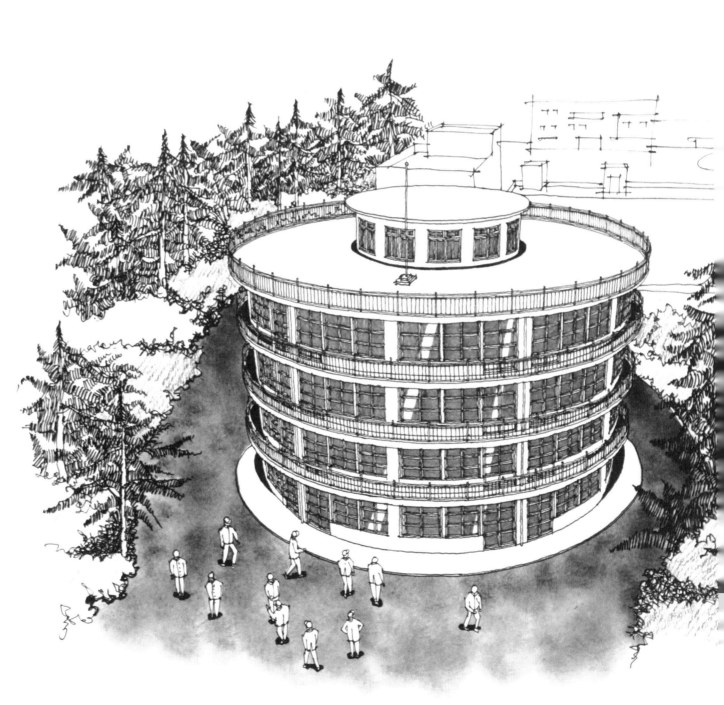

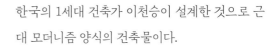

한국의 1세대 건축가 이천승이 설계한 것으로 근대 모더니즘 양식의 건축물이다.

1956년 11월 30일 준공된 이 건물은 부산 서구 동대신동 경남고등학교에 있다. 그림에서 볼 수 있듯 당시로서는 보기 드문 원형 건물로 중앙에 나선형 계단을 배치하고 공간을 6등분해 각 실을 두었다.

요즘에도 예술 공간이나 종교시설을 제외하고는 원형 공간을 접하기 어렵다는 사실을 감안하면 상당히 파격적인 디자인이었으리라.

사실 인간은 네모난 것에 오래도록 적응해왔다. 방이 그렇고 문과 창문, 침대, 식탁 등 생활 속 대부분의 도구 디자인이 그렇다. 우리를 둘러싼 대부분의 환경도 사각형이다. 학교 건물은 말할 것도 없다.

나선형 계단을 오르내리며 부채꼴 형태의 교실에서 공부했을 학생들의 수업 분위기는 어떠했을까? 몹시 궁금하다.

서 면 로 터 리

부산의 상징이었던 서면 로터리('로타리'로 더 많이 불렸다)와 그 안에 세워진 부산탑은 1963년 부산이 직할시로 승격한 기념으로 세워졌다. 그러나 부산지하철 1호선 공사와 원활한 차량 소통을 위해 로터리와 탑은 1981년 7월 철거되고 말았다. 지금은 조그마한 부산탑 모형만 영광도서 건너편에 자리하고 있다.

최근 전국 곳곳에 로터리가 다시 생겨나고 있다고 한다. 서면 로터리도 언젠가는 다시 볼 수 있을까? 그 바람 때문인지 로터리가 없어진 지 오래인데도 부산 사람들은 여전히 그곳을 '서면 로터리'라고 부른다.

부산극장

명절날 흔히 볼 수 있던 풍경들이 거의 사라졌다. 한복 차림을 한 사람은 물론이고 뻥튀기 장수도 시골 장터에서 구색으로 볼 뿐이다.

설빔, 추석빔이란 말도 잊은 지 오래. 심지어 시끄러운 딱총 폭음탄 소리가 그립기조차 하다. 선물 꾸러미는 자동차 트렁크에 들어 있는지 잘 볼 수도 없지만 그래도 추석 때 영화 한 프로 보는 재미는 여전하다. 그 시절에는 신문 광고나 담벼락에 붙은 영화 포스터를 보고 극장을 찾았다. 인기 영화표는 극장 앞에 줄을 서 사기도 했고 암표상을 통해 구하기도 했다.

그림 속 부산극장 앞은 언제나 무척 붐볐는데 군것질 종류나 외국인들이 많아진 것 빼고는 예나 지금이나 비슷하다. 하지만 그 옛날에는 극장 안에서 영화 시작 전에 "껌이나 캬라멜!" 하고 소리지르며 팔러 다니는 이동식 매점이 있었으니 지금처럼 팝콘, 콜라 같은 것을 사 들고 들어가지 않아도 별로 문제 될 게 없었다.

부산시청

부산은 1876년 개항 이후 많은 발전을 이뤄왔다. 1914년 부산부釜山府로 시작해 1949년에는 부산시로 바뀌었고, 1961년에는 사하지구가 부산시에 포함되며 더 넓어졌다. 1963년에는 구포, 사상이 부산시와 병합되면서 부산시는 경상남도에서 분리되어 직할시로 승격한다. 1978년에는 대저, 가락이 편입되고 1995년에는 기장, 정관, 일광, 철마 등이 합쳐지면서 직할시는 광역시로 다시 한 번 격상한다.

1936년 중앙동에 지어진 그림 속 시청 건물은 수차례 증축했음에도 더이상 행정업무가 불가능할 정도로 공간이 부족해져 1998년 1월 20일 연산동 신청사에 그 역할을 내주고 말았다.

지금은 그 자리에 백화점이 들어섰다. 비록 부산 인구는 줄고 있지만, 태평양 시대를 맞아 다시금 부산이 위상을 떨치기를 기대해본다.

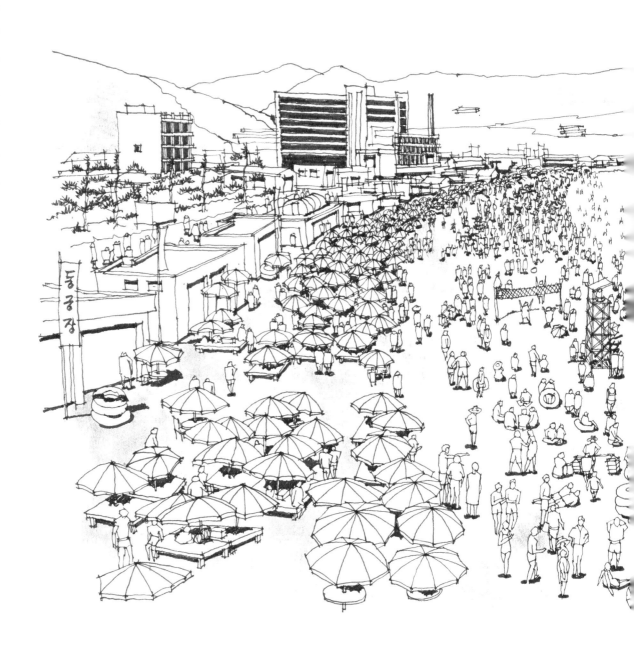

해운대 해수욕장과 극동호텔

동궁장

그 옛날 해외여행이라곤 꿈도 못 꾸던 시절에는 동래온천장과 함께 해운대가 최고의 신혼여행지였다. 그때 신혼부부들이 첫날밤을 묵었던 곳이 1989년 문을 닫은 그림 속 극동호텔이다.

지금은 그 주위에 콘도가 자리를 잡고 호텔과 아파트가 들어서서 옛 모습을 추정키 어렵다. 뒤편 달맞이 고개는 개발이 많이 되어 집이 빼곡하게 들어섰지만, 그 능선만큼은 옛 모습 그대로다.

바나나보트나 제트스키, 윈드서핑 같은 새로 생긴 해양 스포츠 풍경을 빼면 수많은 파라솔, 인명구조 망루, 모래찜질이나 배구 경기를 하는 사람들 모습이 예나 지금이나 다름이 없어 보인다.

〈용두산공원 타워

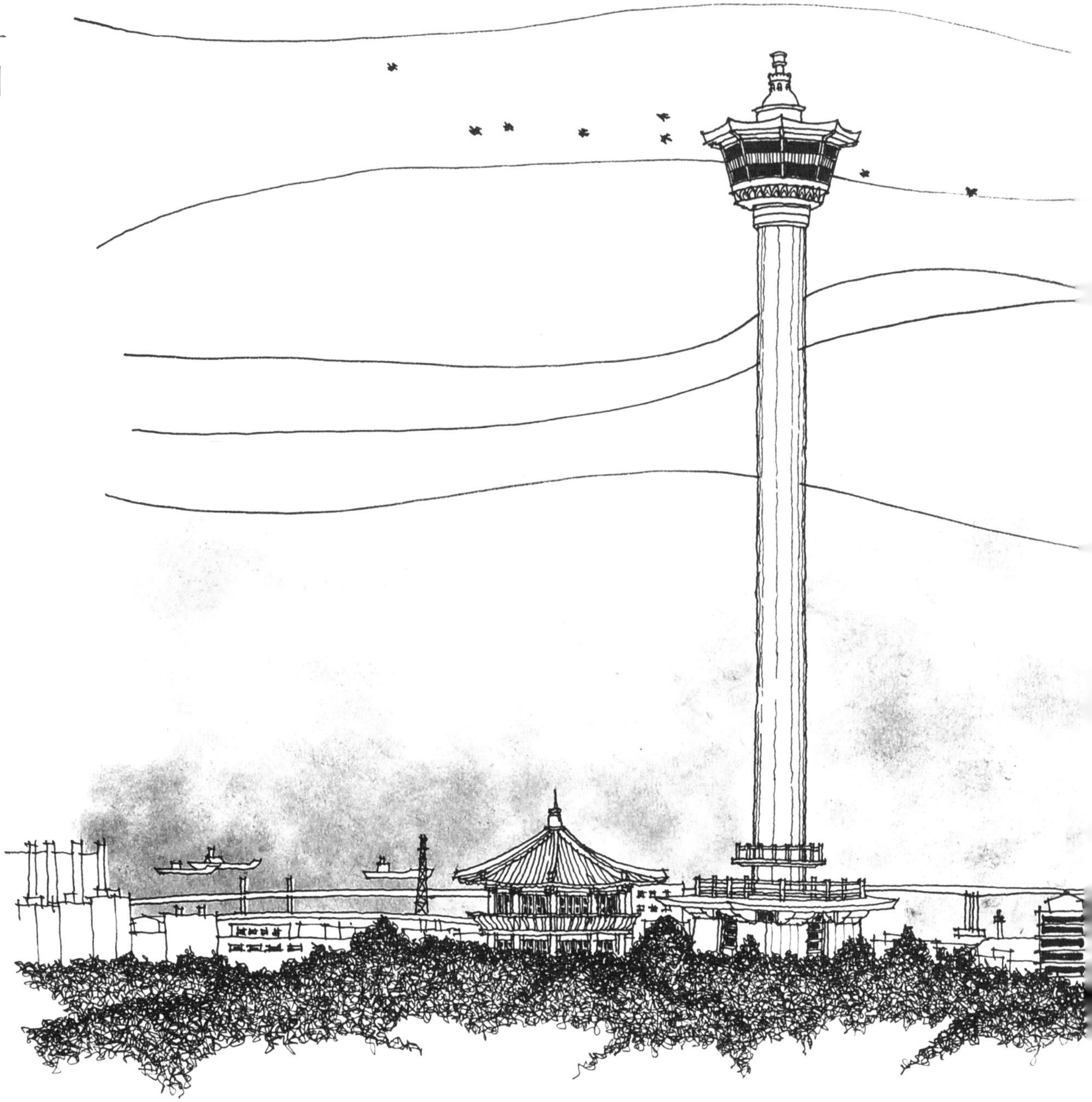

세계 어느 도시를 가든 그 도시를 상징하는 높은 탑이 하나씩은 있다. 서울의 서울타워, 도쿄의 도쿄타워, 상하이의 동방명주, 파리의 에펠탑 등등. 최근 광복동 롯데타운에 전망대형 타워 건설 계획이 발표되었다. 특정인들을 위한 주거시설이 제외된 것은 환영할 만하나 높이 380미터의 이 탑이 세워지면 용두산공원의 타워는 새로운 운명을 맞이할 것이다. 인공 건축물도 오래되면 그것 또한 자연이다. 우리가 끊임없이 자연 파괴를 되풀이하는 것은 아닌지 반성해야 할 일이다.
부산이 태평양으로부터 통일 북한을 거쳐 유럽에 이르는 관문이 되기를 기원한다.

부전도서관은 부산과 오랜 세월 함께해왔다. 1963년 부산이 직할시로 승격되던 해에 서면 로터리, 대청동 한국은행, 부전도서관이 같이 건설되었는데, 그중 부전도서관은 오랫동안 부산시립도서관으로 역할을 했다. 이후 1982년 초읍에 도서관이 새로 들어서면서 시립도서관 자격을 넘겨주고 지금은 부산시립시민도서관으로 불린다.

이 도서관은 현재 전국에서 가장 오래된 도서관이다. 옛 전포천변(지금은 복개되었음) 1200여 평 대지 위에 지하 1층, 지상 2층의 300평 규모로 자리 잡았는데, 한때 재개발 계획이 활발히 추진되어 철거 위기를 맞기도 했지만 다행이랄까 서면이 부산 최고의 중심가로 발전된 지금까지도 용케 우리 곁에 남아 있다.

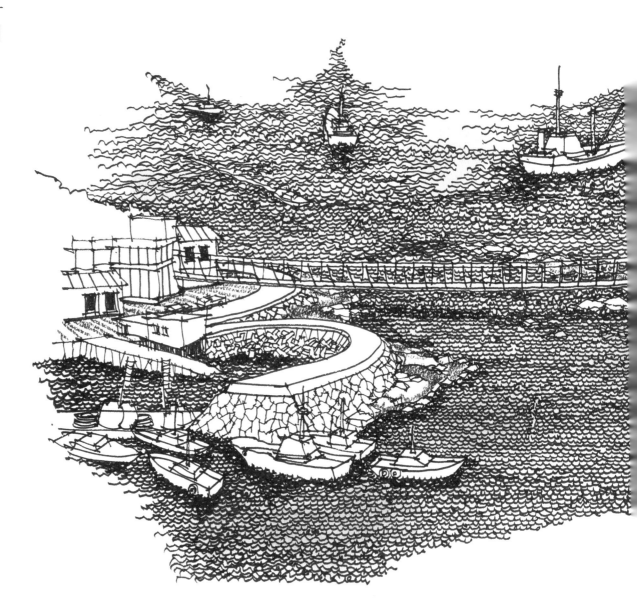

〈 송도 구름다리

송도해수욕장은 1913년 개장한 우리나라 최초의
공설 해수욕장이다.

어린 시절에는 광안리, 해운대, 다대포와 더불어
무더운 여름 더할 나위 없는 피서지였다. 특히 송
도는 해수욕 철이 아니어도 케이블카나 유람선,
보트 놀이 등을 즐길 수 있었고 부산 중심가와 가
까운 거리에 있어서 평소에도 사람들이 즐겨 찾
는 곳이었다. 입장료를 내고 그림 속 아슬아슬한
구름다리를 지나 거북섬으로 가는 것도 재미있었
지만 다이빙대에서 뛰어내리는 사람들 모습을 구
경하는 것 또한 즐거웠다.

한때 환경오염으로 폐장되는 위기도 겪었지만 최
근 새로 설치된 케이블카, 전망 데크, 환경미술과
함께 다시금 부산의 명물로 각광받고 있다.

시민회관

부산 시민회관 건물은 전국의 공공 문예회관 중 가장 오랜 역사를 자랑하는데 1973년 10월 10일 개관했다.

1988년 부산 문화회관이 대연동에 건립되기 전까지는 시민회관이 부산 문화의 중심지였다. 각종 기념일, 관제 행사는 물론이고 일반 공연도 많이 열렸으며, 중고등학교 때는 <성웅 이순신> 같은 애국 영화를 상영해 단체로 관람하기도 했다.

지금은 리모델링으로 본래 모습을 많이 잃었으나 전면부의 유려한 포물선이 주는 세련미는 잘 간직되고 있다. 시민회관은 그나마 쉽게 접근할 수 있는 위치여서 계속 지금의 자리를 지켰으면 하는 바람이다.

구
덕
야
구
장

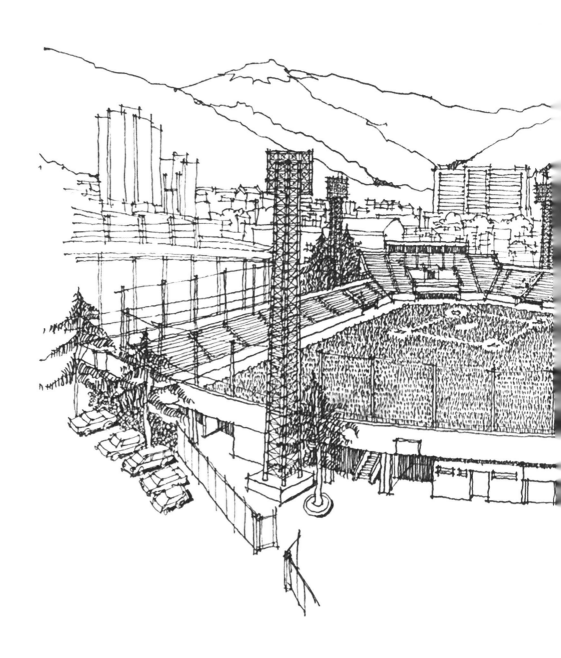

부산은 야구의 도시로 자타가 인정한다. 지금이야 텔레비전이나 유튜브에서 프로야구 경기를 편하게 즐기지만 그 옛날에는 라디오에서 중계하는 고교야구가 무척 인기였다.

부산에서 야구로 명문인 학교로는 경남고, 부산고, 경남상고, 부산상고 등을 꼽을 수 있는데 화랑대기, 청룡기, 황금사자기, 봉황대기 같은 전국 대회 중계가 있는 날에는 온 동네가 떠들썩했다. 그중 화랑대기는 부산에서 주최하는 전국 규모의 대회였다.

동네 공터에서 친구들이랑 모이면 곧잘 야구를 하곤 했다. 변변한 야구 장비는 없었지만 말랑말랑한 고무 공 하나 들고 "좋나? 좋다!" 소리 지르며 노는 손 야구라도 즐거웠다.

1904년 일본은 대한해협에서 러시아를 견제하기 위해 군사요충지인 가덕도 외양포에 진지를 건설하고 엄폐 막사 2개소, 탄약고 3개소, 관측소와 총 6문의 280밀리미터 고사포를 배치했다.

진입구를 제외하고는 4면에 구릉을 설치하고 대나무 등 식물로 위장한 뒤 아래쪽에 우물을 놓는 등 거주공간도 마련했다.

해방 이후에는 민간인이 이주해 살았는데 탄약고나 진지에는 난방 등 거주의 흔적이 아직 남아 있다. 대항마을 일본군 막사 건물에는 여전히 사람들이 살고 있다.

만약 가덕도에 공항이 들어선다면 이곳에는 또 어떤 변화가 일어날까.

유엔공원 정문

1951년 한국전쟁이 한창이던 때, 이 먼 이역만리에 참전해 전몰한 유엔 군인들의 유해를 안장하기 위해 유엔군 사령부가 지금의 위치에 묘지를 조성했다. 여러 국적의 묘지가 한곳에 있는 곳은 세계에서 유일하다고 하며 지금도 참전했던 외국 용사들이 가끔씩 방문하는 곳이다.

건축가 김중업은 이 정문과 그 옆에 보이는 삼각형 형태의 추모관을 설계했는데, 정문 표지석에 따르면 1966년 11월 30일 부산시가 지어서 유엔 묘지 측에 기증한 것으로 기록되어 있다.

김중업은 서울의 프랑스대사관 건물에서도 나타나듯 현대건축에서 한국의 전통미를 재현하고자 노력했는데 이제는 콘크리트로 곡선미를 내는 기술자가 없어서 이런 건축이 재현 불가능할 정도이니 그 완성도에 놀라울 따름이다.

부산에서 대표적인 사찰인 범어사는 각 건물의 아름다움도 뛰어나지만 산세에 어우러지게 앉은 자태도 일품이다.

가파른 산길을 따라 올라가다 맨 먼저 맞이하는 일주문一柱門은 말 그대로 옆에서 봤을 때 기둥이 일렬로 서 있어서 붙은 이름이다. 그 아담한 규모와 비례도 좋거니와 기둥 하부를 묵직한 돌이 받치고 있어서 자칫 무거워 보이는 지붕과 균형이 맞아 시각적 안정감을 준다.

일주문처럼 훌륭한 전통건축에서 현대건축으로 넘어오는 사이에 존재하는 근대건축물들…. 그 문화유산이 제대로 남아 있지 않으니 아무리 도시재생을 한들 한쪽 구석이 빈 듯한 느낌을 지울 수 없다.

책은 우리 기억 속에서 사라지거나 잊힌 부산의 건축물들을 하나하나 소환한다. 그 기억의 소환이 너무나 애틋하다. <부산일보>에 일 년 넘게 "사라진 근대건축, 잊힌 근대건축"이란 제목으로 연재되었던 글과 펜화이기에 개인적으로 더 친근하게 다가온다. 책으로 다시 만나니 너무나 설렌다고나 할까. 최윤식 골목대장의 말처럼 우리는 우리가 만들었던 수많은 건축물을 너무 쉽게 허물고 금세 잊어버린다. 이런 세태에 이 책은 '죽비'가 될 것이 분명하다.

_정달식 <부산일보> 기자

부산은 1887년 부산구조계조약釜山口租界條約에 따라 조선 최초의 개항지가 되었다. 이후 동래를 대신해 부산이 중심부를 형성하면서 부산은 무역시설, 철도, 공공기관, 군수시설, 상업시설, 숙박시설 등을 갖춘 근대도시로 발전해갔다.

근대도시의 형상을 갖춘 건축물들은 광복과 한국전쟁, 경제개발, 산업화, 일제 잔재 청산 등의 이유로 사라지기도 하고 다른 용도로 사용되기도 했다. 급변하는 세태 속에서 이제 옛것, 특히 근대건축물들은 손으로 꼽을 정도만 남아 있다. 최근 그 소중함을 알아 '근대문화유산'으로 지정해 보호하고 있는 것은 다행이라 하겠다. 그 움직임 속에서 지은이는 사라졌거나 간신히 존재하고 있는 근대건축물들을 따뜻한 그림으로 새겨 우리에게 선물한다. 이 책은 우리가 우리 주변 것을 쉽게 버리고, 잊고 또 아쉬워하는 것에 대한 반성의 계기가 될 것이다.

_이해련 복천박물관장

최윤식

그 흔한 58년 개띠로 부산에서 나고 자라고 배우기를 다했다. 여느 건축사들과 달리 건축과 인테리어를 같이 해온 지 30여 년이 되었다. 지금은 부산 문화를 지켜보고자 대학가 앞 몇 채의 주택을 뜯고 고쳐 '문화골목'이라는 작은 문화공간을 만들어 어렵사리 운영하고 있다. 아울러 좋은 사람들과 철 따라 맛있는 걸 먹고, 바람 타고 놀며, 멋진 그림을 그리는 꿈을 펼치며 살고 있다.

사라진 건축, 잊힌 거리

1판 1쇄 찍음 2020년 8월 15일
1판 1쇄 펴냄 2020년 8월 25일

지은이 최윤식
펴낸이 천경호
종이 월드페이퍼
제작 (주)아트인
펴낸곳 루아크
출판등록 2015년 11월 10일 제409-2015-000020호
주소 10083 경기도 김포시 김포한강2로 208, 410-1301
전화 031.998.6872
팩스 031.5171.3557
이메일 ruachbook@hanmail.net

ISBN 979-11-88296-42-2 03910